Angarita Palencia, Luz Stella
    Las aventuras de Esperanza / Luz Stella Angarita Palencia;
ilustraciones Carlos Manuel Díaz Consuegra. -- Bogotá: Panamericana
Editorial, 2001.

    84 p.: il.; 22 cm. -- (Literatura juvenil)

    ISBN 978-958-30-0847-4

    1. Cuentos juveniles colombianos 2. Cuentos colombianos
3. Esperanza - Cuentos juveniles 4. Amor - Cuentos juveniles
5. Sentimientos - Cuentos juveniles I. Díaz Consuegra, Carlos
Manuel, il. II. Tít. III. Serie
I863.6 cd 19 ed.
AHF2597

        CEP-Banco de la República-Biblioteca Luis Ángel Arango

Las aventuras de Esperanza

Las aventuras de Esperanza

Luz Stella Angarita

Ilustraciones
C.M. Díaz Consuegra

PANAMERICANA
EDITORIAL

Editor
Panamericana Editorial Ltda.

Dirección editorial
Conrado Zuluaga

Ilustraciones
Carlos Manuel Díaz Consuegra

Diagramación
La Piragua Editores

Diseño de carátula
Diego Martínez Celis

Quinta reimpresión, septiembre de 2010
Primera edición, septiembre de 2001

© Luz Stella Angarita Palencia
© Panamericana Editorial Ltda.
Calle 12 No. 34-30, Tels.: (57 1) 3649000
Fax: (57 1) 2373805
www.panamericanaeditorial.com
Bogotá D. C., Colombia

ISBN 978-958-30-0847-4

Impreso por Panamericana Formas e Impresos S. A.
Calle 65 No. 95-28, Tels.: (57 1) 4302110 - 4300355, Fax: (57 1) 2763008
Bogotá D. C., Colombia
Quien sólo actúa como impresor.

Impreso en Colombia   Printed in Colombia

A la esperanza del amor,
esquivo, indescifrable
y persistente por siempre.

B astaba con mirar el firmamento y saber que la luz estaba allí y era todo cuanto necesitaban. De palabra en palabra se fueron aclarando sensaciones desconocidas, y las bautizaron por si la amnesia algún día se adueñaba de sus almas.

Recordaron un trepidar incandescente dentro de sus cuerpos; lo llamaron Alegría. De mano de Alegría, reconocieron en cada objeto, en cada ser viviente, la armonía que lo habita, su Belleza.

Frente a la magnificencia del universo entero descubrieron su limitada existencia, una pequeñez interna y al mismo tiempo un gigante entrañable que les ayudó a vislumbrar a Humildad, unida a Sinceridad, la única capaz de entrometerse en los vericuetos íntimos de cada uno, ayudando a presentir en sus secretos la cálida presencia de Compañía.

Ella, con una fortaleza indefinible que sólo se obtiene gracias a Valor, una sonrisa lejana y el recuerdo intermitente de tiempos pasados los llenó de un optimismo melancólico que dio paso a Esperanza, la cual permitió reconocer a Amor, ese ser interno que conforma la naturaleza entera.

Siglos y siglos vivió el hombre acompasando la naturaleza con su ser interno, pero, en su constante sed de cambio, comenzó a encontrar en los latidos de su corazón cierta monotonía, cierta igualdad en sus decisiones. Se dio cuenta de que, además de tener la sensibilidad para vivir la vida, tenía otra cosa, algo que le permitía analizar con calma las situaciones sin que la respuesta la expresaran el corazón y el ritmo de sus palpitaciones; era la Razón.

La recién llegada traía consigo novedades, una forma más cautelosa de actuar, emociones distintas y múltiples reacciones a situaciones conocidas, que los dejaron pasmados al pensar en los sucesos.

Tanto cambio presentían sus mentes, que empezaron a disfrutar más del uso de la razón que de los sentimientos. Convencidos de haberse despojado de sus máscaras relegaron pequeños espacios para los demás sentimientos mientras Razón se apoltronaba dentro de cada uno, dando pie a lo que sería la construcción de un nuevo universo, esta vez edificado por el material del raciocinio.

Descubrir las opciones que Razón les proporcionaba se convirtió en el sentido de su existencia; no se percataron de cómo entre sus dedos se fueron escurriendo algunos sentimientos producidos por su nueva aliada.

Tanta distracción fue propicia para que la Envidia, el Miedo, la Tristeza y la Soledad tuvieran tránsito libre en cada rincón y poco a poco tomaran posesión del mundo.

Ellos, más bajitos, delgaduchos y sin gracia, fueron ganando la altura que no tuvieron al principio; musculosos y brillantes como modelos de revista, empezaron a apoderarse de todas las portadas de la vida diaria. Los hombres se volvieron competitivos, arrogantes. El músculo del corazón fue tomando una fibrosidad áspera y sus cavidades ya no tuvieron lugar para sentimientos ensanchados.

El Amor, un gordito cariñoso, rozagante y transparente, empezó a adelgazar de manera acelerada, y nadie supo si deliberadamente. Languidecido y nublado se dedicó a los vicios mundanos; todas sus manifestaciones se volvieron extremas, en ocasiones embriagadoras, otras alucinantes, ensordecedoras o intravenosas.

A la Belleza se la tragó la tierra de un solo bocado. Alegría repentinamente palideció, de modo que ningún afeite artificial logró volverla a su estado natural. Con el paso de los días, Alegría tomó una decisión radical: se exilió en los confines del universo y desde allí echaba fugaces miradas a los acontecimientos.

Humildad desapareció en un suspiro repentino; ni rastro de ella quedó en la faz de la tierra. Valor se convirtió en un ser huidizo y cobarde que habitaba los rincones más oscuros y escondidos de los sótanos y a quien una sola palabra que le dirigieran lo dejaba hecho un manojo de nervios.

Nobleza encontró su lugar en los bajos fondos; algún día alguien contó que cantaba en bares de mala muerte con voz ronca y avinagrada.

Sinceridad simplemente se esfumó, y nadie volvió a tener noticia ni grande ni pequeña de su morada.

Compañía, en cambio, prostituida en las altas esferas, alcanzó la artificialidad necesaria para andar de festín en festín sin que nadie notara su antigua identidad.

Esperanza fue a dar a la cima de la montaña más alta, donde se ubicaba el santuario de sus antepasados, el perfecto autodestierro. Por esa zona escarpada ya nadie volvió; se instaló aguardando el renacer de mejores sentimientos en el hombre pues, como todos bien lo sabemos, ella

En ocasiones, Alegría recobraba algo del optimismo perdido y enviaba a cientos de pájaros que la habían acompañado en su huida a echar un vistazo por el mundo. Aguardaba impaciente durante horas paseándose por la línea más extrema del universo, y cuando presentía a lo lejos su llegada, afilaba la vista para divisar la expresión de sus picos, invariablemente desalentadora. Sin esperar explicaciones daba media vuelta y retornaba a su escondite.

es extremadamente imperceptible, aunque tiene un carácter de hierro, hecho a prueba no de todas las balas, pero sí de la mayoría.

En un mundo desfigurado los hombres notaban algunos cambios en el ambiente, pero sin darse cuenta de la real magnitud a la situación. Lo importante lo encontraban en otras cosas y no prestaron atención a lo que pasaba.

La Naturaleza, enconchada en sus rezagos, no hallaba solución alguna; sus miles de años de existencia empezaron a notarse. Comenzó a resquebrajarse, y a dejar notar la incapacidad para reproducir, para dar nueva vida a lo que iba muriendo. Había agotado todas sus fuerzas en la desesperanza del mundo nuevo creado por el hombre, en el cual ya no se escuchaba el trinar de los pájaros, la voz milenaria de los ancianos o el reír de los niños; todos eran adultos serios, trabajadores, productivos, sin amenazas aparentes de recaer en sensiblerías baratas que impidieran tecnologizar cada vez más la civilización.

Así las cosas, los pocos seres vivos perdían el deseo de luchar contra tan malos aires. Una vez que empezó a desaparecer el color verde de la faz de la tierra, todo se redujo a dos colores: rojo ladrillo y gris asfalto. El espacio que separa la tierra y el cielo fue tomando la reducida gama de color que hay entre el café y el negro. Nunca se pudo retornar a esa delicada e imperceptible transparencia que sólo puede tener el aire puro. Después de la aparición del ruido, la congestión y el *smog*, los ríos comenzaron a aminorar su caudal; con ellos muchas especies de animales y plantas empezaron a desaparecer, y el ambiente comprendió el verdadero sentido de la presión. Los seres vivientes, sin excepción, empezaron a formar parte de este caos.

En ocasiones, Alegría recobraba algo del optimismo perdido y enviaba a cientos de pájaros que la habían acompañado en su huida a echar un vistazo por el mundo. Aguardaba impaciente durante horas paseándose por la línea más extrema del universo, y cuando presentía a lo lejos su llegada, afilaba la vista para divisar la expresión de sus picos, invariablemente desalentadora. Sin esperar explicaciones daba media vuelta y retornaba a su escondite.

Esperanza, convertida en ermitaña, no volvió a salir de su encierro. Le pidió a un castor el favor de que consiguiera tablas muy gruesas y, con la ayuda de un pájaro carpintero, selló las ventanas de su morada.

Los malos aires aumentaron, el mundo recién formado funcionaba como un reloj pero, aunque un olor fétido se adueñó de cada rincón, los hombres no lo notaron.

Razón, ataviada con los mejores trajes, inconsciente del porvenir, abonó el camino para la llegada del nuevo rey y señor: el Odio. Agazapado durante años de incubación, un día cualquiera se sintió tan fuerte que saltó a escena. Un solemne desconocido con consistencia de latón, fuerte y lustroso, encandelilló a todos a la luz del sol, y eso mismo facilitó su recorrido nocturno.

Sin muchos tropiezos, en poco tiempo se convirtió en un afamado modisto, y como por arte de magia los hombres se vistieron y calzaron a su moda. El nuevo gobernante, con la idea de apropiarse de la historia de la humanidad y ser recordado para siempre, comenzó a ejercer su tirano reinado que se consolidó bajo tres mandatos:

1. Vive en la opulencia, no importa con quién y, sobre todo, no mires a quién, ya que invertirás tiempo precioso en hacerlo.

2. Lo importante es amarse a sí mismo; los demás lo harán a su manera.

3. Si tienes que pasar por encima del cadáver de alguien, serás perdonado; seguramente era necesario.

Inmediatamente después de ser leídas públicamente las directrices que habrían de guiar al mundo hasta el final de los tiempos, la naturaleza dio un suspiro fatal.

Concluidas las deterioradas relaciones entre el hombre y la Tierra, surgió una nueva decoración ambiental llena de chamizos y muerte; los árboles fueron corroídos por la oxidación de la vida misma. Los habitantes de todos los rincones empezaron a emigrar a la gran ciudad, primero unos pocos, luego en grandes oleadas de vértigo y angustia llegaron a disputarse, a costa de lo que fuera, unos centímetros cuadrados que les permitieran sentirse cerca de la "vida".

Hasta en los parajes más extraños que circundaban las impersonales urbes se conformaron barrios con gente de todas las culturas, mezclas jamás previstas se podían apreciar entrelazadas por la misma aflicción y ansiedad.

La superpoblación alcanzó niveles desproporcionados, y grandes desórdenes sociales. Pero pronto Odio mandó a sus esbirros, mensajeros de un letargo insensible, para allanar las dificultades y lograr importantes consensos entre la desidia de los habitantes.

El caos reinante no sólo cambió los patrones de comportamiento que había forjado aquella raza, sino que contribuyó a disgregar el proceder afectivo de unos con otros. Lo que una vez fue el motor de la existencia del hombre (solidaridad, unión, lealtad o fraternidad) desapareció del léxico cotidiano.

En cambio, antipatía, calumnia, fobia, fraude, hipocresía, mentira, rabia y rencor eran palabras de primer orden, sin contar las encabezadas por la letra D del diccionario, las preferidas, sin lugar a dudas, en el uso de la lengua: degradar, denigrar, descrédito, deshonestidad, deshonra, deslealtad, difamar, discordia, discrepancia, disputar, entre otras, que eran la prueba de la mala fe que guiaba ahora la existencia, del hombre.

Varias centurias alcanzaron a transcurrir antes de que alguien hiciera algo por cambiar la situación. Se necesitaron muchas guerras, odios y vergüenzas humanas sin solución aparente, enredadas en el aire nauseabundo, en el cual respiraban todos los habitantes del planeta, para que a sus bocas llegara la palabra que siglos atrás aguardaba a ser pronunciada: Amor.

El cambio del mundo radicó allí, en descifrar una palabra, corta y melodiosa, que una vez desapareció y muchas generaciones no supieron siquiera de su existencia.

Un día aceituno como tantos, Esperanza tuvo un arranque de ira, de ira valiente. (Porque, a pesar de la creencia popular de que la ira carece de toda buena sensibilidad, hay una clase de ira, la de tipo 3, no catalogada en los famosos tratados de antisentimientos, por considerarla una excepción debido a su escasez y su extraña tendencia a desvirtuar a las de clase 1 y 2, las más célebres y apetecidas).

Esperanza decidió entonces tumbar a golpes las puertas y ventanas de su casa, bajó de la montaña como pudo, con las pocas fuerzas que le quedaban, e inició «el camino de retorno», a pesar del peligro que aquello podría significar para su propósito. Aunque iba preparada para cualquier sorpresa, no pudo evitar la gran desazón que le produjo encontrarse en las calles de la actual metrópoli, en medio del desconcierto que a su paso invadió, a un sinnúmero de personas ante la presencia de ese ser que nunca antes habían visto.

La incertidumbre de sus rostros era tal, que Esperanza, después de escrutarlos, debió suspirar hondamente para no decaer. No era una misión fácil, no entendía por dónde empezar y tampoco qué debía hacer en aquel mundo caótico del cual zarpó tan aprisa como pudo. Sin embargo, se impuso la tarea de comprender la incoherente estructura de su funcionamiento. Cada actitud, gesto o palabra adquiría una riqueza infinita para la estrategia que decía consolidar.

Aunque Esperanza iba preparada para cualquier sorpresa, no pudo evitar la gran desazón que le produjo encontrarse en las calles de la actual metrópoli, en medio del desconcierto que a su paso invadió a un sinnúmero de personas ante la presencia de ese ser que nunca antes habían visto.

Todos los métodos que intentó se quedaron a mitad de camino; el único recurso era despojarse de la emoción que la vencía al percibir el sufrimiento de tanta gente que desconocía la verdadera esencia de su corazón.

Unos días después percibió que su coraza vital se debilitaba rápidamente y, si los resultados no se hacían notar, era probable que cayera en aquel campo de batalla disfrazado de vida.

Con urgencia comenzó a buscar pesquisas que la condujeran a algún punto de su búsqueda, pero era casi imposible: nada de lo que intentaba aprender parecía servirle de algo. Una creciente frustración la llevó a entrar en un estado poco habitual en su proceder. Como última opción decidió dar un paseo por la gran avenida por la cual no se había atrevido a pasar siquiera para no levantar sospechas.

A punto de declinar su intento, un gramo de intuición la hizo correr tras una limusina tan larga como un reptil, tan negra como la noche. Cuando ésta se detuvo ante la luz roja de un semáforo, aprovechó y tocó en una de las ventanillas. El vidrio de la parte delantera comenzó entonces a bajar lentamente, y Esperanza se coló casi de cuerpo entero dentro del auto y ante la sorpresa de sus tripulantes se escuchó:

–¡Compañía!

–¿Qué haces tú aquí? –preguntó, aterrada, Compañía.

En efecto, era ella, muy mal acompañada por cierto. Compañía se desvaneció en el asiento trasero. Esperanza, sin aguardar reacción alguna, la tomó por el collar de perlas que ostentaba en el cuello, la montó sobre sus hombros y salió corriendo en dirección contraria a la vía, esquivando los autos entre chirridos de ruedas y bocinas de trueno. Después de un rato, Esperanza notó sobre su espalda el peso de Compañía y se detuvo, pues se dio cuenta de que la carga de su nuevo ropaje le impediría seguir adelante con ella al hombro.

Se sentaron en una acera a pensar. De repente vino a su memoria el trabajo que una vez hicieron el castor y el pájaro carpintero en su casa de la montaña. Acomodó a Compañía en un sitio seguro y comenzó a buscar entre los desechos hasta reunir las tablas suficientes, uno que otro clavo, dos ruedas viejas, y estuvo lista. Armó una caja-carro, montó en ella a Compañía y llena de ánimo reanudó la exploración.

A pocos metros de allí vio pasar como una ráfaga a Sinceridad, mimetizada en una rapidez propia del tiempo en el cual vivía, tornándose en un espejismo difícil de reconocer.

–¡Oye tú, Sinceridad! –la llamó con un grito.

Ésta frenó tan precipitadamente, que dejó sus huellas marcadas en el asfalto. La miró con desconfianza y le dijo:

–¿Con quién crees haberme confundido?

–Contigo misma, ¿me recuerdas? –preguntó Esperanza con una amplia sonrisa.

–Mira –se acercó susurrando–, bien sabes que no debemos hablar, que nosotras hace mucho tiempo no existimos y, que si llegan a sospechar de nuestra existencia, tendríamos un terrible final.

–De eso se trata. He decidido que, aunque sea lo último que haga, voy a intentar encontrar a mis compañeros originales. Tenemos que unirnos para vencer a Odio; si no es así, no quiero seguir viviendo. Dame una oportunidad.

Sinceridad, no muy convencida de las palabras casi alegres de Esperanza, dijo:

–No sé dónde te has metido durante las últimas centurias, pero creo que no tienes idea de lo que estás diciendo. Semejante tarea resultará imposible, pero te acompañaré por un rato y terminarás dándome la razón.

Se acomodó en un rincón de su caja-carro y partieron las tres. Con el paso de las horas, se empezó a escuchar el refunfuñar constante de Sinceridad, que hablaba para sí misma, pero en voz alta. Esperanza obviaba con tranquilidad lo que entre dientes mascullaba Sinceridad, y poniéndose en pie le dijo:

—Creo que necesitas que alguien te abra los ojos y te saque esa loca idea de la cabeza...

Esperanza se volvió y le dijo:

—¿Seré yo quien necesita hacer eso?

Sinceridad hizo una mueca y tomó asiento nuevamente. De repente Compañía salió del sopor y miró a su alrededor. Se encontró frente a un extraño a quien no podía verle la cara. Miró hacia arriba y vio cómo pasaban ante sus ojos los edificios de la ciudad uno tras otro.

«No voy en el carro en que acostumbro» –pensó. Trató de levantarse pero, al instante, recordó su encuentro con Esperanza. Se acuclilló en el carro y en voz baja llamó a quien conducía:

—¡Oye, Esperanza!, ¿qué estás haciendo?

—Intento salvar el mundo –contestó, segura de lo que hacía.

—¿Pero acaso no te das cuenta de que no va a funcionar?

–Dame una oportunidad –y siguió halando la caja-carro.

Compañía dejó salir un suspiro y preguntó:

–¿Qué es lo que piensas hacer?

–Pienso reunir a los antiguos sentimientos, cueste lo que cueste, y después veremos entre todos qué podemos hacer.

En silencio condujo la caja-carro hacia la falda de la montaña. Desde allí divisaron las primeras luces del atardecer como en otras épocas lo hacían los habitantes de la ciudad, y las tres se dedicaron a compartir las experiencias del nuevo mundo.

Era muy tarde y decidieron continuar una vez que amaneciera. En la mañana pensaron en separarse y no seguir juntas. Sin embargo, ninguna quería dejar a la otra; volver a encontrarse era lo mejor que les había sucedido en mucho tiempo. De manera que resolvieron actuar con extremo sigilo.

Después de deambular toda la tarde, Esperanza subió el carro a una acera y se sentó a descansar, mirando a lo lejos.

Un nuevo sonido la distrajo de sus cavilaciones: largos aplausos y alguien que gritaba «Gracias, gracias, ustedes también los merecen, gracias». Era un teatro. Se acercó a la gran puerta e intentó mirar hacia adentro, pero el guardia, con gesto amenazante, la hizo retirar. Sinceridad se puso de pie y le dijo:

–¿Sabes quién es?

Esperanza se alzó de hombros, en total desconocimiento.

–Es Humildad; ahora tiene otro nombre, pero es ella, la más famosa y asediada actriz de la época.

–¿Humildad era la que gritaba «Gracias, ustedes también los merecen»? –replicó Esperanza, imitando la voz chillona que había escuchado unos minutos antes.

–Sí, de ella ya no queda ni la sombra; si la ves, jamás la reconocerías.

–Pues vamos a ver –contestó Esperanza, enfadada–. Espérame aquí.

Se dirigió al callejón que comunicaba con la entrada trasera del teatro. Luego se coló en los camerinos y encontró a Humildad contemplándose frente al espejo.

–Hola, vieja amiga –dijo Esperanza mientras observaba despectiva los trajes, joyas y regalos que inundaban la habitación.

En silencio condujo la caja-carro hacia la falda de la montaña. Desde allí divisaron las primeras luces del atardecer como en otras épocas lo hacían los habitantes de la ciudad, y las tres se dedicaron a compartir las experiencias del nuevo mundo.

Humildad se volvió, sorprendida:

–¿Quién te dejó entrar? –preguntó con el mismo tono destemplado con que hablaba en el escenario.

–¡No puede ser, no me mintió Sinceridad, eres tú! –contestó Esperanza con voz desalentadora, mientras la miraba fijamente.

Se desplomó sobre el diván y ante la preocupación de Humildad empezó a hablar nuevamente. –Observándote, no estoy segura si debo decir lo que pensaba decir, pero... aun así lo haré: He decidido encontrar a mis compañeros originales. Tenemos que unirnos para vencer a Odio; si no es así, mi existencia no tendrá sentido.

–No funcionará –contestó Humildad mientras movía de un lado a otro la cabeza.

–Ya lo sé. Sinceridad me dio esa cátedra ayer, pero a pesar de las advertencias quiero intentarlo. Sólo te pido una oportunidad.

Humildad clavó la mirada en el suelo. Las comisuras de sus labios develaban la incredulidad presente en su mente. No obstante, un instante después cambió la idea y aceptó la propuesta.

Salió a escondidas de sus admiradores y guardaespaldas, cubierta de pies a cabeza con una capa, por miedo a ser reconocida, y se metió en la caja-carro.

Con voz muy tenue y algo de recelo saludó a Compañía y a Sinceridad; luego llamó la atención de Esperanza.

—Psss, ¿me podrías contar cómo piensan lograrlo?

—Como ves —dijo Esperanza, orgullosa.

—¿Así lo han hecho?, ¿frente a las miradas de todos? Están locas.

Sinceridad y Compañía ladearon la cabeza asintiendo a lo dicho.

Esperanza paró, se volvió hacia ellas y preguntó:

—Entonces, ¿qué propones?

—Que lo intentemos, pero de otra manera. Recuerda que estamos llamando mucho la atención, que si seguimos así, en unos minutos alguien que no haya perdido del todo la memoria nos reconocerá. Además, recuerda que somos proscritas en el mundo actual. Si nos descubren, ¿a dónde crees que iríamos a parar?

Esperanza creyó perder las fuerzas y se sentó en una acera. Por su parte, Sinceridad y

Humildad se volvió, sorprendida:

*—¿Quién te dejó entrar? —preguntó con el mismo tono destemplado
con que hablaba en el escenario.*

Compañía, que escuchaban la conversación, estuvieron de acuerdo con Humildad.

–Pero, entonces, ¿qué vamos a hacer? –interrogó desconsolada Esperanza.

–Pues yo propongo que intentemos un método de despiste –comentó Humildad–; tú solías ser experta en eso, ¿ya no lo recuerdas?

–Tengo una idea –saltó Compañía–. Miren, aguardemos en un sitio seguro hasta bien entrada la noche, porque, si bien es cierto que actualmente a nadie le importa el prójimo, es mejor no dar motivos de sospecha. Vamos a un sitio que yo conozco.

Se dirigieron hacia un edificio muy elegante donde sólo se veían entrar automóviles lujosos. En apariencia era como concurrir a una fiesta pero, al ingresar, las parejas se encerraban en habitaciones separadas. Compañía sabía que el dueño del lugar era un buen anciano, dicharachero y comprensivo; ya en muchas ocasiones la había sacado de más de un lío con algunos de sus ostentosos acompañantes. Entró y lo saludó. El afecto entre ellos era innegable y por tanto todas respiraron con tranquilidad. Cuando Compañía intentó explicar la situación con una mentira, el anciano le dijo:

–Isabel, no necesitas darme explicaciones; estás en tu casa.

Llamó a uno de los empleados y dio las instrucciones necesarias para que sus invitadas fueran debidamente atendidas.

La primera sombra del atardecer produjo el palpitar de sus corazones. Todas se miraron y supieron que se acercaba el momento de partir.

–¿Dónde podríamos encontrar a Valor, a Nobleza, a Alegría, a Amor y a Belleza? –inquirió Esperanza.

La pregunta retumbó en la habitación.

–Nobleza nunca más se volvió a ver –intervino Humildad–, Belleza y Alegría simplemente desaparecieron, Amor se disfraza tan bien y en estados tan alterados que en lugares nocturnos resultaría muy difícil diferenciarlo; ¡hay tantos que se le parecen...! Y a Valor, no tengo ni idea de dónde buscarlo.

Todas se quedaron pensando.

–Debemos hacerlo de cualquier manera –concretó Esperanza.

–Será mejor si nos dividimos. Esperanza y Sinceridad van hacia el sur, Humildad y yo vamos al norte –dijo Compañía–. Debemos construir otra caja-carro, ya vimos cuánto nos puede servir.

–*Será mejor si nos dividimos. Esperanza y Sinceridad van hacia el sur, Humildad y yo vamos al norte* –dijo *Compañía. Debemos construir otra caja-carro, ya vimos cuánto nos puede servir.*

En un rato estuvo lista y emprendieron camino. Fue una buena opción. Mientras Esperanza tenía una voluntad férrea al respecto de su misión, Sinceridad, acostumbrada a moverse rápidamente, facilitaba el rastreo; y mientras Humildad con sus aires de artista famosa lograba acceder a sitios insospechados, Compañía seducía con buenos modales y obtenía información valiosa.

Por ejemplo, se enteraron de que entre los personajes más extraños de la ciudad había uno en especial, el cual habitaba en las sombras de los sótanos y no dejaba de ser divertido para muchos, porque, al dirigirle la palabra, empezaba a hablar en un idioma ininteligible y a temblar tanto que parecía estar a un paso de la desintegración.

Al oír esto se miraron mutuamente, empezaron a investigar y se internaron en las profundidades de los edificios, donde sólo encontraban escombros, porquerías o automóviles en descanso.

Buscando descubrieron un edificio con seis pisos hacia abajo; cuando llegaron al piso sexto, la oscuridad era total, tuvieron que encender una cerilla. Al instante un movimiento repentino les reveló la presencia de alguien.

Se acercaron y lo hallaron: era Valor, tembloroso y amedrentado. Las palabras sobraron, los ojos y los abrazos hicieron lo suyo; entre las dos ayudaron a ponerlo de pie, lo acomodaron en el carro y siguieron su camino.

Entre tanto Esperanza y Sinceridad se metieron en cuanto burdel, motel o cantina encontraron en el centro de la ciudad. Entre todos, hubo uno al que desistieron de entrar porque los vapores que expelía el sitio eran muy fuertes. Alcanzaron a dar unos pasos adelante y escucharon una tremenda algarabía: gritos, chillidos y palabras soeces expulsando a alguien del lugar. Esperaron a ver qué sucedía y a los pocos instantes, de tumbo en tumbo, de lado a lado, salió una mujerzuela con aires de gran señora.

Esperanza y Sinceridad se miraron y reconocieron en aquella mujer a Nobleza. Trataron de hablarle pero su inconsciencia era tal que no tuvieron otra elección que sostenerla hasta la caja-carro e introducirla en él como un bulto de papas. Ella, en medio de la embriaguez, no alcanzó a distinguir a sus salvadoras; hacía preguntas sin sentido, imposibles de entender, porque su lengua era una masa.

Ya en la madrugada, a un paso del amanecer, dieron por terminada la faena de esa noche. Cierto ruido en el cielo les hizo levantar la mirada y vieron pájaros. Qué raro, ¿pájaros en

Se acercaron y lo hallaron: era Valor, tembloroso y amedrentado. Las palabras sobraron, los ojos y los abrazos hicieron lo suyo; entre las dos ayudaron a ponerlo de pie, lo acomodaron en el carro y siguieron su camino.

la Tierra? Y en un arranque de verdadero alborozo gritaron a dúo: «Felices ustedes, que aún
pueden volar».

¡Una demostración afectuosa! Esto sorprendió
a las pequeñas aves, quienes dieron media vuelta y se dirigieron hacia el confín del universo.

Alegría, que los esperaba como siempre, vio
que en esta ocasión la expresión de sus enviados
no se parecía en nada a la que traían después de
sus pasadas incursiones. Interrogó cuáles eran
las noticias. Las aves le refirieron lo sucedido y,
ante tal sorpresa, Alegría no se pudo contener:
hizo miles de preguntas y aun así no alcanzaba
a comprender lo que sucedía allá abajo.

No tuvo paz esa noche –claro que de mucho
tiempo atrás había dejado de tenerla–, eran de-
masiados interrogantes por resolver. Cada mi-
nuto se hizo una eternidad esperando el
amanecer y al primer chispazo de luz concurrió
al encuentro de estas extrañas presencias.

Una vez Alegría tocó suelo firme, en medio
de este mundo trastornado, se percibió un estupor de contrariedad en todos los habitantes del
planeta, aunque ellos no eran los únicos que se
encontraban incómodos; la Tierra, la Madre Tierra, que tiempo atrás se había tragado de un bocado a Belleza, dio un pequeño remezón que la
escupió de nuevo.

Los sentimientos asombrados corrieron al sitio de la erupción. Miraron con insistencia y desconcierto a aquel personaje. Ella, llena de tierra y lodo, con el pelo hecho trizas y el vestido rasgado, resultaba irreconocible. «Lo único que me faltaba –musitó enojada–, que me vean un día desarreglada y no me reconozcan».

Ante los ojos de todos, abiertos como platos, recordaron a la Belleza de antaño bajo sus ropajes maltrechos. Pasados los abrazos y apretones, Esperanza contó cabezas: sólo hacía falta Amor.

Descansaron en el día, y esa noche partieron nuevamente a buscar a Amor. No obtuvieron ninguna pista que los condujera a él; en realidad era muy difícil diferenciar entre los múltiples amores que ahora representaban el amor primero, el real, el original; porque estos, los nuevos, los recién creados, habían convencido a todos los hombres de que eran los verdaderos. Pero al intentar quitar la máscara que encerraba a cada uno, no quedaba nada, la respuesta se diluía, siempre era como volver al principio.

Tras varios días de búsqueda en bares de todos los estratos, los sentimientos asistieron a uno bastante concurrido, podría decirse que era el bar de moda. Durante un rato trataron de ver a través de todos los asistentes un resquicio de Amor, pero su esfuerzo fue infructuoso.

Cierto ruido en el cielo les hizo levantar la mirada y vieron pájaros. Qué raro, ¿pájaros en la Tierra? Y en un arranque de verdadero alborozo gritaron a dúo: «Felices ustedes, que aún pueden volar».

Cuando iban de salida, Compañía tropezó con uno de los asistentes. Éste le pidió disculpas sin mirarla a la cara, pero Compañía, consciente del motivo de su visita, detalló a aquella persona y reconoció en ella a Razón. No parecía ser la misma, pues su fisonomía estaba algo cambiada y tenía un comportamiento diferente, pero era ella, sin duda.

Se le acercó más y le susurró al oído: «Razón, ¿eres tú?». Razón, de un brinco, quiso apartarse de quien fuera. Antes altiva y soberbia, dejó ver en el brillo de sus ojos inseguridad, ambivalencia, desorientación. Compañía, muy intrigada, entabló conversación. Después de un rato pudo concluir que a Razón se le habían invertido los esquemas, o como dicen por ahí, se le había volteado la torta.

Tanta razón, en un mundo donde los hombres son incapaces de controlar sus sentimientos y las reacciones posteriores a ellos, había tornado todo en irracional. Ahora, Razón no funcionaba como el principio ordenador que fue, no interesaba a nadie, no mandaba. Ahora sólo era una ficha más del gran caos.

Compañía, que sabía hacer muy bien su trabajo, la escuchó durante horas.

Con palmaditas en la espalda y una comprensión auténtica que ya no se encontraban en ninguna parte, Razón pudo expresar sus más graves inquietudes y Compañía tomó atenta nota de todas. Luego la invitó a su casa. Allá se encontró con los otros sentimientos, y cuando estuvieron seguros de su veraz preocupación, se miraron entre sí y Compañía tomó la palabra.

Contó cómo se habían vuelto a reunir gracias a Esperanza, y relató los pormenores de los días siguientes. Razón escuchaba atenta. Finalmente, un poco temeraria, propuso una alianza entre la razón y los sentimientos en pro del amor, de la destrucción del odio y el resurgimiento no del mundo anterior sino de uno nuevo. Dio argumentos que la misma Razón no podía rehusar y se quedó pensando un largo rato. Todos guardaron silencio y de repente dijo:

–No es del todo irracional lo que sueñan, pero sí me parece un tanto descabellado creer en destruir a Odio; ¿no se dan cuenta de que él es el amo y señor?

–Tenemos que encontrarlo y hablarle –dijo entre dientes Valor.

–Ay, Valor. ¿Tú realmente crees que te va a escuchar?

–No va a escucharnos a nosotros. Ni siquiera puede enterarse de dónde estamos y mucho menos qué estamos planeando –contestó Compañía.

Una vez Alegría tocó suelo firme, en medio de este mundo trastornado, se percibió un estupor de contrariedad en todos los habitantes del planeta, aunque ellos no eran los únicos que se encontraban incómodos; la Tierra, la Madre Tierra, que tiempo atrás se había tragado de un bocado a Belleza, dio un pequeño remezón que la escupió de nuevo.

–Entonces, ¿quién va a hablar con él? –preguntó desconcertada Razón.

–Pues tú –dijo Compañía.

–¿Yo? Ni loca –replicó Razón.

–¿A quién podría escuchar Odio más que a ti? ¿Quién le dio vida a él?...

–Un momento: Quizá propicié la racionalidad cuando permití el exceso de ella en un mundo desmesurado, pero yo no implanté el odio. Sólo intente un mundo en donde la racionalidad nos permitiera ir más tranquilos, sin tanta carga afectiva que nos hiciera dudar en el momento de tomar decisiones importantes. Si ustedes me culpan de todo este desbarajuste, es mejor dejarlo de este tamaño.

Inmediatamente intervino Humildad para tratar de tranquilizar a Razón, quien se hallaba muy contrariada.

–Mira, Razón, estoy segura de que en ningún momento Compañía quiso decir lo que entendiste.

–Pero así sonó –dijo Sinceridad, tratando de convenir con el disgusto de Razón.

–No creo que la intención de Compañía haya sido esa –intervino Alegría–. Además, nadie está culpando a Razón.

–Pues no fue lo que yo entendí –respondió Razón, entristecida.

–Hay muchas cosas que no has entendido, y lo grave es que ya no entenderás.

Claro que yo tampoco –dijo Belleza tratando de aclararse la frase anterior–; a muchos nos pasa eso, ¿no es verdad?

Razón casi se sale de sus casillas; en realidad nunca había soportado bien los comentarios de Belleza. Siempre creyó, y el presente se lo confirmaba, que cuanto más silenciosa estuviera Belleza era mejor.

–Esas son necedades de niñas bonitas –contestó Valor restándose importancia a las palabras de Belleza.

–¿A qué te refieres? ¿Acaso sigues viéndome como incapaz de decir una sola frase coherente, o me equivoco? –preguntó Belleza.

–Ya, ya. Es suficiente con el mundo que tenemos ante nosotros, para indisponernos por nimiedades –dijo Esperanza, transigente.

–Créeme que entiendo tu punto de vista, Razón –retomó Nobleza–, aunque debemos aceptar que todos fuimos débiles, que de alguna manera hicimos lo mismo: huir cuando creímos que no teníamos motivos para seguir intentándolo, pero

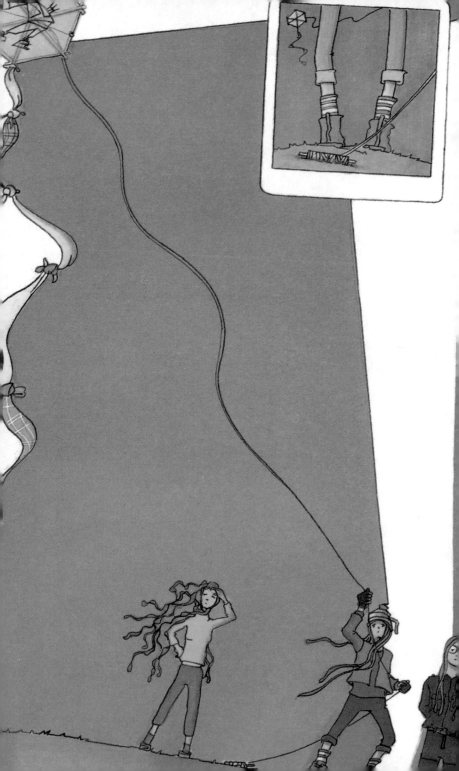

—No sé, no es nada fácil lo que me piden —dijo Razón mientras inclinaba dubitativa la cabeza.

ya no es hora de culparnos unos a otros. Entiendo también por qué Compañía dice que tienes que ser tú quien hable con Odio. Si lo llegáramos a hacer nosotros, sólo lograríamos despertar su cólera más milenaria. En cambio, si tú haces gala de todo tu poder de convicción frente a él, será más fácil. Se trata de proponerle un buen negocio para todos. Es más: si tú quieres, te ayudamos.

–¿Cómo harían eso? –preguntó incrédula Razón.

–Nos metemos en tus bolsillos y, en el momento en que necesites, contarás con nosotros. Además, piensa en una cosa: ninguno en esta sala perderá más de lo que ya ha perdido; en cambio, qué sentido tiene la existencia en este momento sin coherencia y sin sentimientos nobles –razonó Nobleza.

–No sé, no es nada fácil lo que me piden –dijo Razón mientras inclinaba dubitativa la cabeza.

–No ha sido fácil lo que hemos hecho –habló Esperanza enfática.

Razón levantó la mirada y dijo:

–De acuerdo. Me acompañarán, sin que los vean, eso sí. De lo contrario, será tan peligroso para ustedes como para mí.

Humildad facilitó a Razón las últimas prendas finas que aún conservaba. Razón se miró al espejo, suspiró hondamente y dijo:

–Bueno, escóndanse en los bolsillos de mi abrigo, y que Dios nos ayude –al pronunciar esta frase, contuvo su siguiente paso y reflexionó–, pero qué estoy diciendo, si Dios no existe, lo he predicado desde hace siglos..., claro que ya está visto que no he tenido mucho éxito con la mayoría de mis afirmaciones. Quizá en este caso Belleza no esté tan equivocada. Esta vez Dios tendrá que existir, es la única oportunidad que tenemos de ganar la batalla.

Desde los bolsillos de la chaqueta donde ya se hallaban acomodados sus acompañantes, se escucharon leves risas. Y Razón partió.

* * *

Odio ya no tenía en qué ocuparse, todo funcionaba como él lo diseñó; su mayor intervención consistía en dar unas gotas de su pócima a quien la necesitara. Era la única actividad en la que se ocupaba personalmente. No podía permitir que descubrieran su receta.

A menudo el aburrimiento superaba su ociosa vida, y tenía que inventarse alguna maldad para distraerse un poco. Pero aun así no funcionaba

Ira, su ayudante de confianza, en una tarde de modorra inerte le informó la llegada de Razón a su palacio. Entonces Odio pensó que ésa era la excusa que esperaba de tiempo atrás para salir del tedio.

por mucho tiempo; los hombres del nuevo mundo estaban tan bien disciplinados que era sorprendente la manera de acomodarse a nuevas y adversas situaciones.

Una tarde de modorra inerte Ira, su ayudante de confianza, le informó la llegada de Razón a su palacio. Entonces Odio pensó que ésa era la excusa que esperaba de tiempo atrás para salir del tedio. Si bien era cierto que fueron muy cercanos, casi amigos, se habían distanciado. Las inconformidades permanentes de Razón lo sacaban de sus casillas y no quería perder tiempo en discusiones filosóficas a las que Razón era muy afecta.

Sin embargo, sacó a flote toda su hipocresía, un servilismo disfrazado y su antifamiliaridad bien llevada. Saludó arqueando las cejas y entornando la boca hacia abajo tratando de esbozar una sonrisa. «Más amable de lo que esperaba» pensó Razón.

–¿No vendrás de nuevo a este recinto con una de tus preguntas trágicas?

–No del todo –contestó Razón.

Al oír esto, Humildad se agitó en el bolsillo, e inmediatamente Razón entendió que no era la mejor forma de entablar una conversación con un ser tan quisquilloso.

–En realidad –intentó de nuevo Razón–, no se trata de hablar de lo mismo, se trata de algo que a los dos puede interesarnos.

–¿Algo así como un negocio? –preguntó Odio frotándose las manos una contra otra.

–Sería más preciso llamarlo trato –afirmó Razón.

–Los tratos sin los negocios me resultan aburridos; si no hay negocio de por medio, los tratos se reducen al intercambio de palabras de honor, y, como bien lo sabes, no creo ni en las palabras ni en el honor. ¡Ni siquiera en el mío! –terminó sus últimas sílabas con una flamante carcajada.

–Eso ya lo sé –respondió Razón y, tras un carraspeo leve que aclaró su garganta, intentó seguir–. Mira, Odio, no podemos olvidarnos de que durante mucho tiempo nuestros intereses fueron compartidos. Ahora, según tú, no lo son porque yo reflexiono sobre estupideces sin sentido. ¿Es cierto eso?

–Completamente de acuerdo –asintió Odio.

–Pero hay ciertos detalles que no hemos tratado y que estoy seguro nos resultarían de vital importancia para los intereses de los dos.

—¿No vendrás de nuevo a este recinto con una de tus preguntas trágicas?

—No del todo —contestó Razón.

–¡Intereses! –interrumpió Odio–. Esa palabra casi logra conmoverme. Te escucho.

Razón había dicho esto, pero no tenía la menor idea de cuáles serían los argumentos que podrían interesar a Odio.

Dirigió la mirada hacia uno de los bolsillos, donde aguardaba Esperanza con la cabeza ligeramente asomada hacia la superficie. Lo miró con tanta seguridad y con tanta certeza, que Razón carraspeó nuevamente y se dispuso a seguir.

–Sin duda resulta interesante observar cómo este mundo, después del cambio que sufrió, marcha como un reloj; no hay lugar a las vacilaciones que producían en los hombres los anteriores sentimientos. Las cosas caminan como lo preví en un principio.

Odio se acomodó en su trono, prendió un puro, se acarició nerviosamente la barbilla y muy pensativo replicó ansioso:

–Sí, todo eso es muy cierto. Bueno, digamos que razonable, no me gusta aludir a la verdad de las cosas, pues me resulta insidiosa esa palabrita. Lo que no entiendo es a dónde quieres llegar.

–Allá voy –Razón respiró y prosiguió–. Decía que todo marcha como pensamos que debía ser, pero el olvido no nos permitió observar un detalle. El ser humano, desbordado por la racionalidad, se ha vuelto extravagante para analizar las cosas; qué digo, analizar es una palabra que se borró de su vocabulario hace mucho tiempo.

–Ése es tu problema, no el mío –comentó Odio mientras soltaba una gran bocanada de humo de su pestilente boca.

–Déjame terminar –insistió Razón–. Pese a eso, la situación sigue aparentemente bien. Lo que no hemos observado con detenimiento es que, así como la razón humana se ha desbordado hasta el punto de que no sirve de sustento para el análisis, el rencor los domina.

–¿Qué le ves de malo a eso? Simplemente cumplen con los tres mandatos primordiales de mi reinado. Yo no veo por qué preocuparme.

–¿Me vas a dejar terminar, sí o no? –dijo Razón, a punto de exaltarse.

Mientras la Razón trataba de calmarse, sintió un cosquilleo que ascendía de la espalda a la nuca y escuchó el murmullo de Compañía, que le decía: «Déjalo que diga todo lo que quiera, tú haz de cuenta que no lo oíste. Dale la importancia que él cree merecer. Vas muy bien».

–Bueno, termina, pero sin tanto cacareo.

–No es que esté mal que la fobia y la saña habiten los corazones inertes de los humanos, no. Sin embargo, sucede que estamos corriendo un grave riesgo. Como ya te habrás enterado, la tasa de homicidios crece, los asesinos proliferan, y llegará el día en que empiecen a matarse unos a otros. Entonces, ¿sobre quién vas a reinar?

Odio se levantó de su trono y caminó de un lado a otro mientras se rascaba la pelada cabeza. Razón había logrado desequilibrar su arrogancia; estaba bastante preocupado como para tener la respuesta en sus labios.

–Y... –dudó Odio– ¿qué vamos a hacer?; mejor dicho, ¿qué es lo que propones? –preguntó con el ceño fruncido.

–Yo tengo una estrategia. Sé que en principio no estarás de acuerdo, pero, si me permites explicarla detenidamente, estoy segura de que no te disgustará del todo.

–Con tanta aclaración supongo que será peor de lo que dices. ¿Cuál es esa gran idea? –preguntó Odio de mala gana, pero sin otra alternativa.

–Se trata de que me reveles, si lo sabes, el paradero de Amor, para que los hombres puedan volver a refugiarse un poco en él, sólo un poco, y así esto no se convierta en una hecatombe y...

–Ahora sí creo que tú estás mal de la cabeza –dijo Odio con tono burlón–. ¿A mí de qué me serviría? Al contrario, me ganaría más problemas; déjame tal como estoy, así estoy bien, muy bien.

–Si lo miras desde otro ángulo, no estás tan bien como crees; estás en un grave, gravísimo peligro –continuó Razón–. Mira, si Am...

–Escucha –interrumpió Odio–, ni siquiera permito que lo nombres; además, ése no puede ayudar a nadie. ¿No recuerdas que se volvió un borracho y drogadicto, que anda en cualquier parte tratando de suplantarse a sí mismo? Lo que antes fue ya no podrá serlo jamás.

–Es cierto, pero no lo necesitamos como era antes; sólo queremos que vuelva y nos dé una manito. Tú podrás convencerlo.

–No sé, tengo que pensarlo bien. ¿Pero qué pasa si no resulta?

–No habremos perdido nada.

Odio se quedó pensando mientras movía su boca puntiaguda de extremo a extremo de la cara.

–Tú, Razón, que eres una buena estratega, ¿me aseguras que resultará? –preguntó Odio, bastante inseguro.

–Todo beneficio tiene un riesgo y éste no es la excepción, pero casi podría asegurar su éxito.

–Voy a mandar a uno de mis hombres a que lo busque; pero tú tendrías que hablar con él. Yo no lo quiero en mi presencia, la sola idea de verlo me produce náuseas y no quiero dañar mi salud mental ni física por un motivo tan insignificante.

Cuando hubo terminado la serie de ademanes que representaban el asco que le producía hablar del personaje en cuestión, ordenó a Ira que saliera a buscarlo. Ira, muy contrariada, más de lo habitual, se fue mascullando cuanta palabra soez recordó en su vocabulario, a la vez que se quejaba entre dientes: «Siempre me toca hacer el trabajo sucio...».

No hubo ninguna demora. Cuando Ira lo divisó, llamó a Razón y señaló a la distancia a Amor.

–Yo me encargo –dijo Razón.

–Por supuesto –contestó Ira–, si yo lo tuviera a menos de un metro de distancia, me lanzaría sobre él y lo aniquilaría con mis manos para no tener que verlo nunca más. Tú le respondes al jefe –dijo con voz desafiante y se fue.

No había terminado de desaparecer en la distancia cuando de los bolsillos de la chaqueta de Razón saltaron los sentimientos con una amplia sonrisa de bienvenida. Pero Amor, recostado a un poste a plena luz del día, drogado, con una botella de licor entre las piernas, escuálido y harapiento, no daba ninguna señal de ser aquel que siempre fue su ejemplo. Hasta llegaron a pensar que se trataba de una trampa.

Esperanza, con paciente cariño, se acercó, lo tomó del mentón y le levantó la cabeza. Amor frunció el ceño, la poca luz que conservaba el cielo hería sus ojos.

—Amor, Amor, atiéndeme —lo llamó con suavidad Esperanza.

Él entreabrió los ojos y, al reconocerla, le dijo:

—Yo ya no soy él, nunca más podré llegar a serlo.

Pero el tono de letanía con que pronunció esas palabras hizo que Esperanza recordara los sermones y las enseñanzas que una vez recibió de sus labios. Se volvió hacia los demás:

—¡Es él!

Razón lo llevó en hombros hasta el refugio, lo alimentaron, lo dejaron descansar y en unos días era otro; no el mismo del pasado, pero sí otro diferente del que habían recogido.

Entre tanto, esperando su restablecimiento, Razón tuvo tiempo de planear la estrategia final. Consistía en que cada buen sentimiento

Cuando hubo terminado la serie de ademanes que representaban el asco que le producía hablar del personaje en cuestión, ordenó a Ira que saliera a buscarlo. Ira, muy contrariada, más de lo habitual, se fue mascullando cuanta palabra soez recordó en su vocabulario, a la vez que se quejaba entre dientes: «Siempre me toca hacer el trabajo sucio...».

saliera con plenos poderes físicos y mentales en busca de un mal sentimiento para sostener una batalla cuerpo a cuerpo, confiando en el viejo adagio de que «El bien siempre vencerá al mal».

–No es mala idea –intervino Esperanza–, pero creo que todo esto ha logrado alterar un poco tus neuronas. Estás confiando en el idealismo, y ésta no es una batalla, es la guerra; las batallas ya las hemos librado, y las ganamos.

–¿Acaso tienes alguna sugerencia? –indagó Razón un poco disgustada; no estaba en condiciones de discutir eso del idealismo, además no ponía en duda que su idea era la mejor–. Miren, cada uno de nosotros debe salir con trajes diferentes de los que tiene en este momento; trataremos de seducir al sentimiento contrario, y una vez, que lo logremos, sin pensar en nada más trataremos de fundirnos con él.

–¿Que qué? –gritaron todos–, eso no lo podemos hacer.

–¡Tenemos que hacerlo! –contestó, imperativa, Esperanza–. No podemos dejarnos persuadir por ellos; es la mejor manera de demostrar nuestra capacidad táctica frente al enemigo. Mírenlo como una maniobra militar en donde para vencer se pondrán a prueba nuestras destrezas en el frente. Razón estará atenta y se encargará de supervisar cada movimiento que hagamos para que ninguno vaya a tener un desliz. Luego, volveremos aquí. Amor se quedará en recuperación. Le pediremos al anciano que lo alimente y le permita descansar en este lugar mientras nosotros volvemos.

–¿Y qué? –preguntó Valor–, ¿qué haremos en caso de que nos sorprendan?

–No va a pasar eso –dijo Esperanza aminorando la importancia de la pregunta–. Después, cuando hayamos logrado la fusión, vamos a reciclar. ¿Recuerdan lo que hacía en el viejo mundo la señora que vivía en las montañas?

Todos asintieron.

–Yo no la conocí –dijo Belleza un poco despistada–. Tampoco entiendo qué es eso de reciclar.

–¡Ay, Belleza! –retomó Esperanza–, vuelves a ser la misma. Mira, en el viejo mundo, en las montañas al extremo sur de la ciudad, vivía una señora que tenía una casa hermosa, muy bien decorada, pero cada adorno lo había hecho reciclando materiales desechados. Salía todas las mañanas de su casa, bajaba de la montaña e iba buscando entre las basuras objetos que le sirvieran. Tenía bolsas de diferentes colores para no confundir los objetos ni los materiales que después utilizaría. Llevaba sus bolsas a las grandes

Pero Amor, recostado a un poste a plena luz del día, drogado, con una botella de licor entre las piernas, escuálido y harapiento, no daba ninguna señal de ser aquel que siempre fue su ejemplo. Hasta llegaron a pensar que se trataba de una trampa.

fábricas donde volvían a fundir el vidrio para hacer nuevos envases o adornos, y lo mismo hacían con el papel. Así, observando cómo era el proceso, aprendió algunos trucos que podía hacer en su casa sin necesidad de maquinaria compleja, y fue armando poco a poco lo que se convirtió en una bella vivienda, con ventanas de colores hechas con vidrio de botella, con esculturas de metal delgado y cuadros con muchos papeles.

—¿Y cómo se hace eso? —preguntó, interesada, Belleza.

—Tomando lo mejor de cada objeto para devolverle su utilidad y muy posiblemente convertirlo en algo más bello.

—Sí, eso ya lo entendí, ¿pero cómo se hace?

—Bueno, de eso nos ocuparemos en su momento. Por ahora, manos a la obra.

Salieron todos muy bien ataviados y comenzaron su recorrido. Razón, siempre alerta, aunque no tuvo que hacer mayor cosa. Al cabo de los días empezaron a retornar al refugio.

* * *

La primera en llegar fue la Trisgría, luego la siguió la Felleza, y en orden de llegada la Somildad, el Mielor, la Solnía, la Nodia, la Trasín, y la última en llegar, la Desanza, entró corriendo, contó cabezas y trancó con seguro. Razón no entendía cómo lo habían logrado; sin embargo, allí estaban, en movimiento incesante. No hallaban el sitio adecuado dónde acomodarse; era obvio, debían sentirse muy extraños ellos mismos.

A Razón no se le ocurrió nada más que reunirlos a todos en un solo punto y los estrechó entre sus brazos fuertemente. Ya sosegados, trató de identificarlos. A pesar del esfuerzo le resultó imposible. Si bien era cierto que guardaban características de los sentimientos que días antes habían salido por la puerta por la que ahora entraron, no lograba distinguirlos debido a la transformación que habían sufrido.

Los formó uno tras otro y les pidió explicar su nueva identidad. Salieron, entonces, en fila india:

Trisgría: tristeza y alegría.

Felleza: fealdad y belleza.

Somildad: soberbia y humildad.

Mielor: miedo y valor.

Solnia: soledad y compañía.

Nodia: nobleza y envidia.

Trasin: traición y sinceridad.

Desanza: desconfianza y esperanza.

[...] *cada adorno lo había hecho reciclando materiales desechados. Salía todas las mañanas de su casa, bajaba de la montaña e iba buscando entre las basuras objetos que le sirvieran.*

Razón los miró, y por un instante estuvo a punto de reír, pero se contuvo, pues no era el momento propicio. En todo caso, nunca se hubiera imaginado que esto llegara a pasar, era toda una paradoja. ¡Eso sin agregar que se veían tan amorfos, tan sin gracia, tan, tan feos! El amor los miró sorprendido, y por más que lo intentó, no pudo descubrir quiénes eran.

Después de pensar un rato, Razón, sin dar explicación alguna, les pidió que dieran una vuelta por la ciudad y en la madrugada volvieran allí nuevamente.

Así lo hicieron. No supieron si a su paso la gente se alteraba por su presencia, por su físico indescifrable o por la simple incomodidad que producen los extraños. Ellos volvieron al amanecer, como acordaron, dejando atrás un mundo revuelto, desordenado.

Los hombres empezaron a sentir incoherencia en sus sentimientos, experiencia insondable para ellos, pues durante cientos de años habían logrado olvidar las ambivalencias.

Tristeza y Alegría alcanzaron a esparcir altas dosis de melancolía; Compañía y Soledad los hicieron sentir desdichados; Humildad y Soberbia los silenciaron; Esperanza y Desconfianza crearon confusión en sus corazones; Valor y

Miedo asustaron a todos; Belleza y Fealdad dieron nueva vida a la estética; Sinceridad y Traición los inmovilizaron; Nobleza y Envidia los debilitaron.

Estas nuevas sensaciones retumbaron por el universo entero, todo se acalló, y nadie se sentía en capacidad de mover un solo músculo, de articular palabra. Sólo se escuchó un voraz alarido: era Odio que gritaba desde la ventana de su castillo:

—RAZÓN, ¿DÓNDE ESTÁS?, ¿QUÉ HAS HECHO?

Amor, entendiendo de inmediato todo lo sucedido, clavó la mirada en los ojos de Razón con una sonrisa solidaria y cómplice, se acercó a ella, y a cuatro manos abrazaron a los sentimientos, que esbozaban una grata mueca en sus rostros.

Entre tanto se volvió a escuchar la sinfonía del universo con los acordes melodiosos y armónicos que solamente de él emanan. Después de los abrazos y besos mutuos, Razón y Amor comenzaron a separarlos nuevamente.

—¿Cómo lo lograron? —preguntó Amor, más amoroso que nunca.

—Reciclando —contestó Razón. ¿Te acuerdas de la viejita que vivía en la montaña...?

—¡Ah! Por fin entiendo bien. Esto es reciclar —dijo Belleza.

Amor escuchó durante un rato cómo el nuevo orden acallaba los alaridos del rey declinado. [...] Recordó que hubo un tiempo en que reinaba el Amor.

–Sí –asintió Razón–. Reciclar no es inventar cosas nuevas, no es crear por primera vez. Es tomar lo que nos ha servido en la vida, es tener en cuenta las cosas de las cuales nos hemos servido, destruirlas en un momento dado para volver a armarlas.

–Entiendo. Entiendo. Quién iba a decir que aquella vieja tendría el principio del amor, y las esperanzas que todos nosotros necesitaríamos más adelante –contestó Amor mientras miraba por la ventana de aquel pequeño cuarto de motel que llegó a convertirse en el laboratorio que salvaría al mundo entero.

En la lejanía se seguían escuchando los gritos desesperados de Odio, cada vez más débiles: «Razón, ¿dónde estás? ¿Qué has hecho?».

Amor escuchó durante un rato cómo el nuevo orden acallaba los alaridos del rey declinado. Después soltó una carcajada cariñosa, que se esparció en el corazón y el alma de todas las especies habitantes bajo el firmamento, al mismo tiempo que a su mente vinieron las imágenes de sus antepasados, el verde de la planicie, germen de la vida, y aquel azul inconfundible del cielo que cubría la existencia. Recordó que hubo un tiempo en que reinaba el Amor.